이동국에 대하여 말하는 즐거움

이동국에 대하여 말하는 즐거움

발행일 2018년 06월 30일 (1판 1쇄)

지은이 엄윤숙
발행인 유진

발행처 책구경
신　고 2003년 11월 27일 (제406-2003-000400호)
주　소 경기도 파주시 재두루미길 70, 파주출판도시 페레그린빌딩 208호
전　화 02-337-3767
팩　스 02-337-3731
이메일 bookking33@naver.com

ⓒ 엄윤숙, 2018
ISBN 978-89-92409-96-4 (03810)

▌책구경은 출판사 포럼의 임프린트입니다.

이 책은 저작권법에 따라 보호받는 저작물이므로 무단전재와 무단복제를 금하며,
이 책의 전부 또는 일부를 이용하려면 반드시 저작권자와 포럼의 서면동의를 받아야 합니다.

▌책값은 뒤표지에 있습니다.
▌잘못된 책은 바꾸어 드립니다.

▌이 도서의 국립중앙도서관 출판예정도서목록(CIP)은 서지정보유통지원시스템 홈페이지
(http://seoji.nl.go.kr)와 국가자료공동목록시스템(http://www.nl.go.kr/kolisnet)에서
이용하실 수 있습니다. (CIP제어번호 : CIP2018017773)

이동국에 대하여 말하는 즐거움

엄윤숙 아포리즘

책구경

목차

머리말 기필코 살아낸다는 것에 대하여

		11	'관계'에 대하여
		12	'만회'에 대하여
		13	'거절'에 대하여
		14	'설렘'에 대하여
		15	'아쉬움'에 대하여
		16	'흔들림'에 대하여
		17	'여전히'에 대하여
		18	'가족'에 대하여
		19	'기억'에 대하여
		20	'계속'에 대하여
		21	'자기관리'에 대하여
		22	'체력'에 대하여
		23	'실력'에 대하여
01	'젊음'에 대하여	24	'슈퍼맨'에 대하여
02	'패기'에 대하여	25	'시간'에 대하여
03	'가능성'에 대하여	26	'읽기'에 대하여
04	'천재'에 대하여	27	'외로움'에 대하여
05	'롱런'에 대하여	28	'앎'에 대하여
06	'하필'에 대하여	29	'팬'에 대하여
07	'존중'에 대하여	30	'노장'에 대하여
08	'상처'에 대하여	31	'성장'에 대하여
09	'믿음'에 대하여	32	'당연히'에 대하여
10	'바꿈'에 대하여	33	'겸손'에 대하여

머리말

기필코 살아낸다는 것에 대하여

삶은 하루하루가 모인 시간의 총합이 아니라 그보다 훨씬 더 크고 훨씬 더 섬세한 유기체이다. 삶은 섞이고 바뀌고 흘러들고 흘러간다. 삶은 우리에게 당신의 시간은 어디로 향한 발걸음인지 묻고 또 묻는다. 우리는 무엇으로 사는가, 인생이란 무엇인가, 성공이란 무엇인가, 실패란 무엇인가…. 이 책은 우리가 삶에 대해 너무나 단편적이고 단선적인 기준을 가지고 사는 것이 아닐까 하는 의문에서 시작되었다.

나는 언젠가부터 축구에 관심이 있었다. 2010년 남아공 월드컵 때는 『국가대표 허벅지들』을 쓰기도 했다. 글을 쓰는 사람으로서 나에게 축구는 매우 흥미로운 주제이다. 살면서 만나는 모든 것이 글이 될 수 있지만 축구와 인생, 인생과 축구는 나에게 새로운 글을 쓰게 만드는 힘이 있다. 축구로 읽는 인생 이야기는 나를 설

레게 한다.

축구에 대한 나의 관심은 이동국이라는 축구 선수에게로 자연스럽게 옮겨갔고, 그의 삶의 궤적을 오랫동안 관찰하게 만들었다. 그가 살아낸 시간을 찬찬히 들여다보는 일은 '젊음', '패기', '가능성', '존중', '관계' 등 우리가 지켜야 할 소중한 가치에 대해 다시 생각해보는 계기가 되었다. 때문에, 『이동국에 대하여 말하는 즐거움』은 이동국에 대한 이야기지만 이동국에 대한 이야기만은 아니다.

『이동국에 대하여 말하는 즐거움』은 이동국에 대한 오마주이다. 나에게 이동국은 성공과 실패라는 단순한 틀에 스스로를 가두지 않고 '인생'이라는 큰 흐름을 살아내는 존재로 읽혔다. 성공 후에도 삶은 이어진다는 것, 실패 후에도 기필코 써내려가야만 한다는 것을 보여주는 인물로 다가왔다. 나는 그가 삶을 대하는 태도에서 그 어떤 것도 외면하지 않고 도피하지 않고 망각하지 않으며, 끝끝내 침몰하지 않고 버텨내는 강인한 인간의 모습을 발견

할 수 있었다.

이동국의 삶은 퍽 흥미롭다. 시간이 흐르고 나이를 먹으면서도 최고의 스트라이커로서 현역의 자리를 굳건히 지켜내는 그의 모습은 나에게 깊고 진한 인상을 남겼다. 신문과 방송을 통해 K리그의 레전드로, 오남매의 아빠로, 다양한 형태로 자신의 삶을 훌륭하게 살아내는 그의 소식을 접하면서 '아! 쉬운 일이 아닌데 저렇게 잘 살아내는 사람이 있구나.'하는 생각에 절로 숙연해졌다. 이동국 선수의 치열함과 처절함, 단단함과 당당함에서 삶의 원형을 읽을 수 있었다.

『이동국에 대하여 말하는 즐거움』을 준비하면서 가장 많이 들은 말은 '왜 하필 이동국이냐? 손흥민이나 이승우처럼 젊은 선수에 대해 써야 책이 많이 팔리지 않겠냐.'는 것이었다. 월드컵에 나가지도 못하는 한물간 선수보다는 월드컵에서 펄펄 나는 유명하고 유망한 선수 중 한 명을 선택하는 것이 어떻겠냐고 회유하고 권유하기도 했다. 그러나 나는 어쩐지 이동국, 아니 이동국의 삶에 마음이 쓰이고 끌리고 뭉클해졌다.

이동국의 '부활'에 대해 생각해본다. 끊임없이 불어닥치는 시련 속에서도 결코 소멸하지 않고 다시 살아 돌아온 그의 부활은 눈물겹도록 아름답고 감동적이다. 하지만 세상이 이동국에게 가해온 압력과 폭력에 대한 성찰은 우리의 교육을, 우리의 사고방식을, 우리의 사회 구조를 돌아보게 만든다. 성적제일주의, 국가우선주의, 학연·지연의 연고주의에 얼마나 많은 아이들과 천재들이 소모되고 소외되고 희생되고 있는지 짚어보게 만든다. 이동국의 부활은 분명 아름답고 감동적이다. 하지만 그의 뛰어난 재능과 월등한 정신력의 많은 부분을 기적적으로 부활하는데 쏟을 수밖에 없게 만든 우리의 시스템은 분명 점검해보아야 한다.

그동안 우리가 이동국을 어떻게 취급해왔는지를 생각해본다. 그는 끝없이 소비되고 지나치게 비난받은 사람이다. 청소년 시절부터 혹사당하고 또 혹사당하다 겨우 버티고 다시 일어선 사람을 우리는 물고 뜯고 맛보고 즐기며, 때마다 그의 시대가 저물었다고 멋대로 사형선고를 내리며 희희낙락해왔다. 그건 몰염치하고 천박하며 비겁한 일이었다. 우리에게는 그럴 자격이 없다. 이제 우리는 이동국에 대한 저열한 중상과 모략을 멈추고 이동국에 대하여 정말 해야 할 말들을 성실히 해야만 한다. 악의적인 말들을 너절하게 늘어놓으며 키득대는 대신, 이동국에 대하여 제대로 말하는 즐거움을 누구나 누렸으면 좋겠다. 그런 의미에서 '이동국에 대하여 말하는 즐거움'이라는 제목을 짓고, 글을 쓰게 되었다.

『이동국에 대하여 말하는 즐거움』은 서른세 가지의 키워드로 그의 삶을 읽어 내려가는 아포리즘 형식의 글이다. 이동국 선수가 살아낸 삶의 궤적을 따라가며 이동국이라는 사람이 온몸과 온 마음으로 길어 올려 지켜낸 가치를 살펴보고 그 의미를 새기고자 했다. '아포리즘(aphorism)'은 깊은 진리를 간결하게 표현한 글이다. 『이동국에 대하여 말하는 즐거움』은 운문과 산문 사이 그 어디 즈음의 글이다. 이런 글을 함부로 아포리즘이라 불러도 좋을지 모르겠지만, 짧지만 긴 여운을 남기는 글을 쓰고 싶었다.

『이동국에 대하여 말하는 즐거움』을 축구를 사랑하는 축구팬들뿐만 아니라 오늘도 여전히 자신의 삶을 살아내고자 고군분투하는 아름다운 사람들이 함께 읽었으면 좋겠다. 이제 막 스무 살 성년이 된 나의 딸아이에게도 들려주고 싶은 말을 담았다. 인생이란 그리 호락호락하지도 않지만 감히 넘지 못할 장벽으로 만들어진 것도 아니라는 사실을 이동국의 삶을 들여다보면 알 수 있다고 말하고 싶었다. 인생이란 한순간의 어떤 성취로 정상에 우뚝 서거나 한 때의 어떤 사건으로 벼랑에 떨어지는 것도 아니라는 것을 이동국의 삶을 지켜보면 알 수 있다고 말하고 싶었다.

끝으로,
'삶은 살아지는 대로 사는 것이 아니라 기필코 살아내야 하는 것'이라는 진실을 자신의 삶으로 우리에게 증명해 보인 이동국 선수에게 고마움을 전한다. 덧붙여, 나는 그의 삶을 응원하는 마음으로 이 글을 썼지만 혹시라도 누가 되는 부분이 없었기를 바란다. 나는 이동국 선수가 은퇴 후에도 지금껏 자신이 지켜낸 가치를 계속해서 지켜가며 이동국답게 살아내길 간절히 기도한다. 제멋

대로인 세상에 절대로 굴복하거나 타협하지 않았던 이동국으로 많은 사람들에게 기억되길 소망한다. 이동국의 삶에 대한 이 책의 기록들이 그 기억에 작게나마 도움이 되길 희망한다.

천재는 많고 많았다. 그러나 찬란한 성공 뒤에도 비참한 실패 뒤에도 기필코 '자신의 삶'을 살아낸 천재는 드물었다. 때문에 이동국에 대하여 말하는 것은 언제나 즐겁다.

엄윤숙

오마주 투 이동국

Hommage to Lee Dong-Gook

01

'젊음'에 대하여

"대한민국에서 가장 인상적인 선수"

1998년 프랑스 월드컵에서 일명 대포알슛을 날린 20살의 이동국은 언론으로부터 이런 호평을 받았다. 프랑스 월드컵에 막내로 참가한 이동국은 네덜란드와의 경기에서 에드가 다비즈를 제치고 중거리슛을 때리며 주목을 받았다.

'젊음'은
아직은 덜 늙은 나이가 아니라
그냥 '지금'이다.
아직 어린 티를 벗지 못한 서툰 나이가 아니라
그냥 '나'이다.

'젊음'은
아껴 쓴다고 저축할 수도 없고 펑펑 쓴다고 낭비할 수도 없다.
그저 언제나 내가 가진 '지금'일 뿐이다.

서른 살의 나는 스무 살의 나에게 무슨 말을 해주고 싶을까?
마흔 살의 나는 서른 살의 나에게 무슨 말을 해주고 싶을까?

"지금, 너 충분히 젊어!"

젊음은 무조건 빨리 시작하고 성공해야 한다는 조바심이 아니라
무엇이든 편견 없이 배우고 익히겠다는 당당함이다. 무조건 엄벙

덤벙 덤비고 보는 야심참이 아니라 무엇이든 편견 없이 이해하고 이해받고 싶다는 씩씩함이다. 무조건 얼른 나를 보여주고 인정받아야 한다는 조급함이 아니라 무엇이든 편견 없이 사랑하고 사랑받고 싶다는 늠름함이다.

젊음은 하지 '않는' 것이다.
아직 다 끝나지도 않았는데 미리 실망하지 않는 것이다.
아직 다 해보지도 않았는데 미리 포기하지 않는 것이다.

젊음은 '모르는' 것이다.
알아서 기고
알아서 꿇고
알아서 접고,
젊음은 이따위 것들은 하나도 알지 못하는 깜깜무식쟁이다.

그래서 '젊음'이라는 말은
스무 살의 갑절을 뛰고도 멈출 줄 모르는
스무 살의 곱절을 뛰고도 그칠 줄 모르는,
지금 대한민국에서
가장 '인상적인' 중년의 선수로 뛰고 있는
그런 사람만이 들을 수 있는,
빛나는 응원의 말이다.

02

'패기'에 대하여

"20대 때는 패기로 도전해야 한다."

이동국이 젊은 시절을 회상하며 이렇게 말했다. 1998년 3월 31일 포항스틸러스와 전북현대의 경기에서 한 신인의 후반 33분 쐐기골로 포항이 3-1로 승리한다. 이것이 이동국의 프로 데뷔골이다. 이후 이동국은 1998시즌 24경기 11골 2도움으로 신인왕을 따냈다.

'패기'는 젊음의 특권이 아니라 의무이다.

'젊음'은 실수할 수 없다.
젊음은 무엇을 해도 실수가 아니기에, 어떻게 해도 실수가 아니기에, 젊음이 실수할 방도는 어디에도 없다. 젊음의 유일한 실수는 지레 겁먹고 아무것도 해보지 않는 것일 뿐이다. 젊음에게는 무엇이든 부딪쳐보고 직접 경험해보는 패기가 필요하다.

'패기'는 내가 자라고 꿈꿀 수 있는 동력이다. 나를 믿고 나를 사용하는 능력이다. 나는 어떻게 생겨먹은 사람인지, 나는 무엇을 할 수 있는 사람인지, 나는 무엇을 하면 행복한 사람인지 알아내고 찾아내는 노력이다.
패기만큼이 '나'이다.

패기가 넘친다.
넘쳐야 패기다.

패기 덕분에 좌충우돌 넓혀놓은 영역만큼이 '나'이다. 그곳이 내가 평생토록 걸을 수 있는 나의 영토이다. 그곳에 내가 평생토록 헤엄치며 놀 수 있는 나의 즐거움이 있고, 내가 평생토록 사유하고 고민할 수 있는 나의 생각거리가 있다.

'패기'는
무작정 달려들어 싸우고 보는 거친 모습이 아니라 시시하게 게으름 따위에 지지 않도록 나를 지키는 부지런함이다. 무조건 미쳐 날뛰는 악다구니가 아니라 쩨쩨하게 과장이나 과시 따위에 나를 가두지 않도록 나를 지키는 성실함이다.

'패기'는
한때의 치기가 아니라 나를 움직이는 진중한 호기심이고
섣부른 야망이 아니라 나를 제어하는 신중한 자존심이다.

그래서 '패기'라는 말은

나이 마흔이 되어서도 여전히 패기 넘치는 사람에게 어울리는

당당함의 말이다.

03

'가능성'에 대하여

**"당시 최고의 유망주였던
만 21세의 이동국은 혹사의 대상이었다."**

기자가 바라본 이동국의 모습이다. 2000년 10월 23일 한국과 이란의 AFC 아시안컵 8강전이 열렸다. 연장전에 돌입했고, 10분 만에 이동국의 골든골이 터졌다. 환호하며 달리는 이동국의 오른쪽 무릎에는 덕지덕지 테이핑이 되어있었다. 1998년 혜성처럼 등장한 그는 2년 사이에 청소년 대표팀, 올림픽 대표팀, 성인 대표팀을 오가며 수많은 경기를 뛰었다.

유망주(有望株)
발전할 가능성이 아주 많은 사람.

그런데 유망주가 키움과 보살핌의 대상이 아니라, 착취와 혹사의 대상이 되는 순간 그것은 유망주로 칭한 그들의 잘못이다.
우리의 잘못이다.

'가능성'은
남이 나에게 더 빨리 더 많이 해 보이라는 다그침이 아니라
내가 나에게
함부로 한계를 긋지도 말고
함부로 욕심 부리지도 말라고 당부하는 다잡음의 말이다.

'가능성'은
빠른 시간 안에 쓸모를 증명하지 못하면 곧장 버려도 괜찮다는 간이계약서가 아니라, 그저 능히 할 수 있게 되기까지 노력하고 또 노력하겠다는 다짐의 말이다. 미래의 나를 담보로 억지로 빌

린 위험천만한 기회가 아니라, 나의 꿈을 하루하루 살아가는 건강한 일상이다. 할 수 있는지 없는지 내기하자는 건들거림이 아니라, 할 수 있는 일을 정말 할 수 있게 되는 길을 찾아보자는 성실함이다. 잘하는지 어디 한번 두고 보자는 차가운 평가가 아니라, 다시 한 번 자신의 한계를 넘어서는 뜨거운 희망이다.

'가능성'은
알짜배기만 쏙쏙 빼먹고
단물만 쪽쪽 빨아먹고 버리겠다는
얌통머리 없는 심보가 아니라,
1년 후 10년 후, 어떤 존재가 되어있을지 기대하고 기약하는
간절한 기다림이다.

'가능성'은
한순간 개선장군처럼 찬양되다가
단숨에 기억 저편에 묻힐 위험성을 딛고 일어서는
용맹함이다.

'가능성'은
한순간 다시없을 영웅처럼 추앙되다가
단숨에 맨바닥에 패대기쳐질 위험성을 참고 견뎌내는
견고함이다.

'가능성'은 남이 퍼다 쓰는 것이 아니라 내가 지켜내는 것이다.

그래서 '가능성'이라는 말은
착취와 혹사의 길에서 벗어나 끈질기게 자신의 삶을 지켜내,
나이 마흔에도 여전히
월드컵 출전 '가능성'을 묻게 만드는 사람에게만 어울리는
지속 가능한 꿈의 말이다.

04

'천재'에 대하여

"게으른 천재"

이동국을 이렇게 평가하는 사람도 있다. 2002년 한일 월드컵에서 거스 히딩크 감독의 부름을 받지 못한 이동국은 그 후에도 월드컵과는 유독 인연이 없었다.

게으른 천재.

그가 유독 게으르게 보이는 이유는 무엇인가.
조금도 숨차지 않고 힘들지 않고,
조금도 흔들리지 않고 괴롭지 않은 사람처럼 보이기에
더 집요하게 따지고 싶어지는 것이 아닐까.

내가 저 체력이면, 내가 저 실력이면
내가 저 등빨이면, 내가 저 위치면
내가 저 얼굴이면, 내가 저 키면…

하늘이 천재에게 허락한 재주와 능력이 너무나 많은데 그는 그것이 얼마나 귀한 것인 줄 모른 채 멍하니 방치하고 낭비하는 것 같아서 아깝고 안타까운 생각이 든다. 날마다 재능을 썩히고, 때마다 기회를 차버리는 것 같아서 볼 때마다 속에서 천불이 나고 못마땅한 생각이 든다.

충분히 더 뛸 수 있을 것 같은데 갑자기 멈춰 서고, 그다지 힘겨워 보이지도 않는데 그만 뛰고는 마냥 느긋하게 어슬렁거리는 것 같아 괜히 얄밉고 미운 생각이 든다. 충분히 더 잘할 수 있을 것 같은데 번번이 찬스를 날리고서도, 그다지 참담하지도 난감하지도 않은 그냥 평온한 얼굴인 것 같아 괜히 괘씸하고 울화통이 터진다.

그러나 그는 언제나
더 이상 뛸 수 없을 만큼 뛰었다,
좀 뛰었다고 헉헉댈 만큼 자존심이 심약하질 못할 뿐.
더 이상 어려울 수 없을 만큼 어려웠다,
좀 어렵다고 그만둘 만큼 책임감이 병약하질 못할 뿐.
더 이상 먹을 수 없을 만큼 욕먹었다,
욕 좀 먹었다고 포기할 만큼 배짱이 허약하질 못할 뿐.

아무리 뛰어도 헉헉대지 않고
아무리 어려워도 못하겠다고 말하지 않고

아무리 욕을 먹어도 나가떨어지지 않는 사람.
이런 사람이 천재가 아니라면 과연 누가 '천재'인 것인가.

천재라면 게으를 수 없고
게으르면 천재일 수 없다.

'게으른 천재'는
세상이 천재의 생리와 셈법에 너무나 무지해서 생긴
오해의 말이다.
세상이 천재의 심리와 태도에 너무나 낯설어서 생긴
곡해의 말이다.

'게으른 천재'는 처음부터 성립될 수 없는 말이다. 게으름은 천재와 연결될 수 없고, 천재와 게으름은 어울릴 수 없다. 천재의 운명은 자신의 삶으로 이 사실을 증명해 보일 책임과 의무까지 지는 것이다.

그래서 '천재'라는 말은
'게.으.른.'이란 세 글자의 오해와 곡해를 떼어내기 위해
한순간도 게으름 피우지 않고
달리고 또 달려온 사람에게만 어울리는
땀내 나는 열심의 말이다.

05

'롱런'에 대하여

"군대를 갔다 왔기에 지금까지 롱런을 하고 있다고 생각합니다."

이동국은 소위 '군대가라슛'에 대해 이렇게 말했다. 2002년 부산 아시안게임에서 대표팀과 이란은 4강에서 승부차기로 승부를 가르게 되었다. 당시 대표팀에는 이동국을 비롯해서 병역 미필 선수가 많았는데, 이영표의 실축으로 금메달 도전이 물거품이 되자 군면제의 혜택도 물 건너가게 되었다.

생략이 없는 사람

생략이 안 되는 사람.

생략이 없는 사람은
얼렁뚱땅 넘어가는 것 없이 모든 단계를 다 밟고, 줄이고 빼고 건너뛰는 것 없이 모든 과정을 다 밟는다. 하나도 빠짐없이 모든 계단을 한 발 한 발 꼬박꼬박 다 오른다. 요행이 안 통하는 고단한 인생, 대충이 안 통하는 빡빡한 인생이다.

남보다 더 높이 더 빨리 가려는 욕심은 아니었지만 그렇다고 남보다 더디길 바란 것도 아니었는데, 제자리에 주저앉혀 다시 기초부터 쌓으라고 한다. 남들처럼 펄펄 뛰고 훨훨 날 수도 있을 것 같은데, 어쩐지 매번 도돌이표가 잔뜩 그려진 악보를 연주해야 하는 기분이라 억울하기도 하고 맥이 빠지기도 한다.

누구의 배려인지, 누구의 계획인지 알 수 없지만 그의 인생 일정표는 빈틈없이 빼곡하다. 한두 번 생략과 비약에 희희낙락하다가는 중간에 완전히 삭제될 수도 있다고 은근히 협박한다. 크고 작은 모든 도전에 철저히 방어전을 치루며 체력과 실력을 쌓아두라고 강력하게 권유한다. 모든 시간을 처절히 넘으며 몸과 마음을 단단하게 만들어 가능한 한 길게 오래가라고 가만히 응원한다.

'롱런(long-run)'을 위한 준비는 아무나 거칠 수 있는 단계가 아니고, 아무나 견딜 수 있는 과정이 아니다. 롱런은 빈틈을 용납하지 않는다. 세밀하고 촘촘해야 길게 갈 수 있다. 길게 늘려도 원래의 모습을 유지할 수 있어야 길게 갈 수 있다.

롱런에는 생략이 없다.
생략하면 롱런은 없다.

생략이 없는 사람은
이제 무엇을 해도 빠지지 않고 거론되고
이제 어떻게 해도 반드시 짚고 넘어가야 하는
생략이 안 되는 사람이 되었다.

그래서 '군대가라숏'이라는 말은
그 누구도 상상하지 못하는 긴 시간 동안
축구로 롱런할 사람에게 주어지는
행운의 말이었다.

06

'하필'에 대하여

"2보 전진을 위한 1보 후퇴"

2018년 러시아 월드컵 직전 권창훈의 부상 소식을 듣고 이동국이 이렇게 조언했다. 이동국은 2006년 독일 월드컵 개막을 두 달여 앞둔 상황에서 경기 도중 공을 몰고 질주하다 넘어졌다. 십자인대 파열 진단을 받고 수술대에 오른 그는 병상에서 월드컵을 지켜보아야 했다. 2002년에 이어 2006년 월드컵에까지 불참하게 된 이동국은 불운의 아이콘이 되었다.

왜 하필 지금?
왜 하필 나야?

그런데
'하필'의 주인공이 될 이유가 없다면 '반드시'의 주인공이 될 이유도 없는 것 아닌가. 그동안 이유 없이 받았던 호의, 대가 없이 받았던 선의, 까닭 없이 다가왔던 요행에는 '왜'라고 물어본 적이 있는가.

하필(何 어찌 하, 必 반드시 필)
어찌하여 반드시?

'하필'은
어찌하여 반드시 '나'이면 안 된다고 생각했는지
어찌하여 반드시 '나' 아니면 안 된다고 생각했는지
자신에게 되묻는 질문이어야 한다.

'하필'은 이제 겨우 내가 할 수 있는 일과 내가 할 수 없는 일의 경계를 밟아보고 그 너머를 어렴풋이 감각하는 첫 순간이다. 나는 내가 할 수 있는 일에 최선을 다할 뿐, 나머지는 내가 할 수 있는 영역의 일이 아니라는 것을 알아가는 소중한 시간이다.

'하필'은 삶이란 지독한 우연 속에서 지극한 필연을 엮어가는 간절함이라는 것을 알아채는 첫 순간이다. 삶이란 우연의 연속이기만 한 것도 필연의 지속이기만 한 것도 아니라는 것을 맛보는 귀중한 시간이다.

'하필'은 그동안 내가 가졌던 고집과 아집이 깨지는, 반드시 필요한 시간이다. 그동안 내가 홀대했던 것들을 찬찬히 살피는, 반드시 필요한 시간이다. 그동안 좀 쉬라고 쉬라고 했던 신호들을 무시하고 내내 내달리기만 했던 내게 강제로 주는, 반드시 필요한 휴식의 시간이다.

'하필'은

왜 하필 지금 나를 선택했는지

왜 하필 지금 나를 선택하지 않았는지

그 이유를 다 알 수도 없고 다 알 필요도 없다는 것을 '아는'

행운의 기회이다.

그래서 '하필'이라는 말은

하필 지금 내게 닥친 부상이

불운과 불행의 종착지가 아니라

행복의 시발점이 될 수 있다는 것을

삶으로 증명해낸 사람에게 어울리는

지혜의 말이다.

07

'존중'에 대하여

"우리의 터전을 아꼈으면 한다."

2018년 러시아 월드컵 최종 엔트리에서 이동국을 빼면서 신태용 감독은 "우리는 K리그를 상대해 경기하는 것이 아니라 월드컵이라는 큰 대회에 나간다."라고 말했다. 이것에 대해 이동국은 자신에 대한 평가를 K리그의 경쟁력 부족처럼 느껴지게 언급한 부분은 안타깝다고 말하며, 축구인들만큼은 K리그를 존중해줄 것을 당부했다.

존중은
남에게 '받는' 것이 아니라
스스로 '하는' 것이다.

'존중'은
있지도 않은 권위를 인정받으려는 거드름이 아니라 우리가 가지고 있는 것을 먼저 알아보는 살뜰함이다. 있지도 않은 위엄을 인정받으려는 거만함이 아니라 우리 안에 있는 것을 먼저 살펴보는 책임감이다. 있지도 않은 자격을 인정받으려는 거들먹거림이 아니라 우리 속에 있는 것을 먼저 챙겨보는 따스함이다.

'존중'은
우리가 가지고 있는 것을 무작정 한 수 아래로 취급하지 말고 동등하게 대하라는 타이름이다. 우리가 지니고 있는 것을 무조건 최고로 치라는 땡깡이 아니라 제대로 살펴보지도 않고 깔보지 말라는 당부이다. 명성을 쌓고 승리를 얻는 것도 중요하지만 스스로에게 당당한 것이 먼저라는 조언이다.

'존중'은
아는 것이다. 내 것 없이 남의 것을 탐내 봐야 아무 소용없다는 것을 아는 것이다. 내 것을 다 채우기 전에 남과 비교부터 하는 것이 얼마나 비루한 일인지 아는 것이다. 내 것의 쓸모를 다 알기 전에 다른 사람의 것을 부러워하는 것이 얼마나 어리석은 일인지 아는 것이다.

스스로
존중하지 않으면 아무도 존중해주지 않는다.
존중하지 않으면 아무것도 남지 않는다.

유리할 때만 우리 것을 찾고,
필요할 때만 우리 것을 뒤지고,
편리할 때만 우리라 눙치는 사람은
우리를 아끼지 않고, 우리를 존중하지 않는 사람이다.

그래서 '존중'이라는 말은
그래 봤자 국내용이라는 멸시 속에서도
결국 우리가 가진 무기로 세상과 맞설 수밖에 없다는 것을
아는 사람
오랜 시간 우리의 터전을 아끼고 지킨 사람만이 할 수 있는
자부심의 말이다.

08

'상처'에 대하여

"EPL 역사상 최악의 공격수 33위"

> 2017년 영국의 한 언론은 잉글리시 프리미어리그(EPL) 25주년을 맞이해 EPL 역사상 최악의 공격수 100명 가운데 33번째에 이동국의 이름을 올렸다. 이동국이 2007년 1월 미들즈브러에 합류했지만 어떠한 임팩트도 보여주지 못했다고 평가했다.

상처가 있는 사람?
상처를 가진 사람!

'상처'는
다쳐 터진 곳에
다시 돋아난 살점이다.
때문에 상처는 누구보다 열렬히 살아냈다는
불멸의 증거이다.

'상처'는
오다가다 어디서 쥐어터진 약한 모습이 아니라 포기를 모르는 끈질김이 내게 준 영광의 징표이다.
아무데서나 설치다 찢기고 눌린 약한 모습이 아니라 새로움에 몸을 던지는 모험심이 내게 준 영광의 징표이다.
앞뒤 분간 없이 덤비다 힘없이 주저앉은 약한 모습이 아니라 끝까지 참고 견뎌내는 인내심이 내게 준 영광의 징표이다.

'상처'는

젊은 날 흑역사 한번 진하게 써보지 못한 안일한 사람들에게 던지는 강렬한 메시지다. 쓰디쓴 실패조차 제대로 한번 해보지 못한 너절한 사람들에게 던지는 강력한 메시지다. 상처 하나 없이 매끈하지만 대신 미적지근하게 살아온 사람들에게 보내는 날것 그대로의 질문이다.

'상처'는

어차피 잊을 수도 없는데
억지로 잊는다고 없어질 것도 아닌데
슬픔은 슬픔으로, 아픔은 아픔으로, 눈물은 눈물로 남겨두어도 괜찮다는 수락의 증표이다.
딱히 잘못한 것도 없는데
무슨 대단한 죄를 지은 것도 아닌데
과거는 과거로, 기억은 기억으로, 추억은 추억으로 남겨두어도 좋겠다는 응낙의 증표이다.

'상처'는

아물고 새살이 돋으면 단단한 굳은살이 되고

아물어 새살이 돋으면 아름다운 무늬가 된다.

그래서 '최악의 공격수'라는 말은

분명 지워지지 않을 깊은 상처의 말이지만,

아무도 가보지 못한 황무지에 첫발을 내딛은 사람

아무도 가지 않은 길을 오래오래 걸어가는 사람

아무도 갖지 못한 멋진 상처를 가진 사람에게만 어울리는

자랑스러운 훈장 같은 말이다.

09

'믿음'에 대하여

"믿고 기다려라."

최강희 감독이 동계 훈련에서 한 골도 넣지 못한 이동국에게 이렇게 말했다. 2009년 처음 전북현대에서 뛰게 되었을 때 이동국은 소위 말해 '시체' 상태였다. 부상으로 1~2년 경기를 못 나가 힘들고 어려운 시기였다. 하지만 환경을 만들어주고 믿음이 형성되면 이동국이 부활할 수 있다는 신념이 있었다고 최강희 감독은 말했다.

믿음은 기다림이다.

믿음과 기다림은 이음동의어(異音同義語)이다.
기다림 없이는 믿음을 말할 자격이 없고,
믿음 없는 기다림은 아무런 소용이 없다.

나를 알아보는 사람이 있어야
우리는 비로소 스스로를 알 수 있고,
나를 믿어주는 사람이 있어야
우리는 마침내 스스로를 믿을 수 있고,
나를 기다리는 사람이 있어야
우리는 끝끝내 스스로를 기다릴 수 있게 된다.

믿어주는 사람이 없으면
그 누구도 쉽사리 자신을 다시 일으켜 세울 수 없다.
스스로 믿을 수 없다.
기다려주는 사람이 없으면

그 누구도 착실히 자신을 다시 키우고 채울 수 없다.
스스로 기다릴 수 없다.

'기다림'은
단지 시간을 흘려보내는 것이 아니라,
자신에게 다가오는 일을 담담하게 받아내는 능력이다.

'기다림'은
어영부영 시간을 때우다 요령껏 빛나는 것을 차지하고 챙기는
얕은꾀가 아니라,
그저 함께 시간을 엮고 삶을 꾸리는 사랑이다.

'기다림'은
계절을 건너고 시간을 견뎌 자신을 묵묵히 키우고 익힐 수 있는
사람을 만들고 만나는 기적이다.

'믿음'은
믿음직한 사람을 잘 고르는 신통함이 아니라,
자신도 모르게 마음이 쓰이고 쏠리는 사람을
그저 바라보고 기다리는 우직함이다.

'믿음'은
나중에 열 배 스무 배로 돌려받을 생각에 투자해보는
허황된 기대가 아니라,
누군가를 내 삶의 일부로 받아안는 절실한 기도이다.

그래서 '믿고 기다려라'는 말은
기다리고 또 기다린 후에 발견하는 꽃피움의 기쁨처럼,
나를 믿고 기다리라는 말인 것과 동시에
자기 자리에서 뛰고 또 뛴 후에 찾아오는 꽃피움의 희망처럼,
너 스스로를 믿고 기다리라는 말이다.

덧붙여 '믿음을 저버리지 않겠다'는 말은
나를 나 자신조차 믿지 못할 때
나의 가치를
믿어주고 기다려준 그 사람과 나 스스로에게 보내는
지극한 감사의 말이다.

10

'바꿈'에 대하여

"이동국(李東國)과 이동국(李同國)"

이동국은 2007년 이름의 가운데 글자를 '동녘 동(東)'에서 '같을 동(同)'으로 바꿨다. 당시는 미들즈브러에 진출해 고군분투하던 시기였다. 유럽에서의 생활은 뜻대로 잘 풀리지 않았지만, 이동국의 축구 인생을 2007년을 기준으로 나눈다면 분명 뒤쪽에 대부분의 영광이 몰려있다고 할 수 있겠다.

바꾸면 바뀐다.
바꿔야 바뀐다.

해묵은 생각을 바꾸고, 잘못된 태도를 바꾸고
그릇된 자세를 바꾸고, 뒤틀린 시각을 바꾸고…

'바꿈'은 간절함이다.

'바꿈'은 원래 있던 것을 다 버리고 그 자리에 새로운 것을 채워 넣는 수고로움이다. 익숙한 것과 헤어져 낯설고 불편한 것을 택하는 용맹함이다. 어디서부터 잘못됐는지 알 수 없기에 처음부터 모든 것을 점검해나가는 철저함이다. 아주 작고 사소한 것까지 그냥 지나치지 않고 다 의심해보는 절실함이다.

나의 간절함이 누군가에게는 이상하고 구차해 보일 수 있다. 간절함은 그것을 알고도 기꺼이 그렇게 하는 것이다. 해도 그만 안 해도 그만이 아니라 그렇게 할 수밖에 없는 것이다. 아주아주 작은 것에서 실마리를 찾는 절박함이다. 사람은 아주아주 작은 것에도 걸려 넘어질 수 있다는 것을 아는 조심성이다.

간절함은 바닥까지 가본 사람이 느끼는 아찔함이다. 최악의 상황을 떠올려본 사람만이 느끼는 불안감이다. 그것이 단지 상상이 아니라 내 방문 앞에 곧 당도할 것 같은 두려움이다.

간절함은 자신에게 가장 중요한 것이 무엇인지 알고 그것을 지켜내고 싶은 마음이다. 그걸 위해서라면 안 바꾸는 것 없이 다 바꾸겠다는 의지이다. 그걸 위해서라면 안 해보는 것 없이 다 해보겠다는 결기이다. 조금이라도 마음에 걸리는 것은 다 치우고 없애겠다는 결심이다.

간절함은
진짜 나를 찾기 위해
무엇이든 미련 없이 바꿀 수 있는 기백이다.

간절함은

진짜 나를 갖기 위해

무엇이든 서슴없이 버릴 수 있는 용기이다.

그래서 '바꿈'이라는 말은

축구를 잘 하고 싶다는 마음 빼고는

모든 것을 다 바꾸어본 사람에게 어울리는

간절함의 말이다.

11

'관계'에 대하여

"나와 동국이가 전생에 부부가 아니었을까."

2018년 4월 25일 211승을 기록한 최강희 감독은 이동국에 대해 이렇게 말했다. 211승은 K리그 감독 개인 통산 최다승 기록이다. 최강희 감독과 이동국 선수 두 사람은 스승과 제자의 관계를 맺은 2009년부터 169승을 함께 만들어왔다. 최강희 감독이 기록한 211승 중 80%를 이동국과 함께 한 것이다.

사람은 관계의 존재다.

'관계'는
나와 너를 잇고
너와 나를 이어,
내가 있어 네가 있고
네가 있어 내가 있다는 것을 아는 것이다.

관계는 길[道]이다. 너와 나로 이어진 그 길로 서로가 넘나들고 드나들며 연결되고 변화하고 성장한다. 섞이고 겹치고 포개지며 아름다운 화음을 만들어낸다. 혼자서는 어떻게 해도 낼 수 없는 소리, 혼자서는 어떻게 해도 만들 수 없는 에너지를 뿜어낸다. 관계는 서로의 존재를 뽀얗게 살려낸다.

관계는 나보다 나를 더 잘 아는 너를 만나는 평안함이다. 이 세상에 내가 혼자가 아니라는 사실을 알게 되는 다정함이다. 너와 연결되어 너의 수많은 너와 연결되는 경이로움이다. 이 세상에 내가 괜히 온 건 아니라는 사실을 알려주는 너를 만나는 고마움이다. 너와 연결되어 내 안의 수많은 나를 깨우는 깨우침이다.

'관계'는
내겐 없는 걸 네가 내어주고
네겐 없는 걸 내가 내어주는 자애로운 힘이다.
내가 가진 걸 네가 끄집어내 주고
네가 가진 걸 내가 끄집어내 주는 신비로운 힘이다.

관계는 잇는 것이다. 끊겼던 마음을 잇고, 끊겼던 관심을 잇고, 끊겼던 결심을 잇는 강력한 접착력이다. 관계는 무작정 무엇이든 연결하고 연장시키는 것이 아니라 나의 본디 모습을 살려내고 그대로 살아내게 만드는 원동력이다. 언젠가 쓰일 유용한 인맥을 관리하는 것이 아니라, 내가 나로 살 수 있게 하는 너를 만나 느끼는 가슴 뻐근한 안도감이다.

그래서 '관계'는

한 사람을

믿고 의지하는 존재인 동시에

한 사람에게

믿고 의지하는 존재인 사람만이 맺을 수 있는

두터운 지지의 말이다.

12

'만회'에 대하여

"물회오리슛"

> 이동국은 2010년 남아공 월드컵, 우루과이와의 16강전에서 박지성의 패스를 받아 득점할 수 있는 결정적인 기회를 잡았다. 하지만 회심의 슈팅은 빗물을 잔뜩 먹은 잔디 탓에 힘없이 데굴데굴 구르고 말았다. 이것이 사람들이 비아냥대며 말하는 일명 '물회오리슛'이다. 그 이후 이동국은 선배 황선홍처럼 월드컵에서 골을 성공시켜 자신의 실수를 만회할 기회를 가질 수 있기를 소망했다.

만회할 기회

명예를 회복할 기회

치욕을 갚아줄 기회.

'만회'는 바로잡아 회복할 기회이다.

사람들의

생각을 바로잡고, 평가를 바로잡고

느낌을 바로잡고, 대우를 바로잡을 기회이다.

그런데 만회할 기회도 없이

이렇게 허무하게 끝나?

이렇게 무정하게 끝나!

그의 '만회'는

돌고 돌아 무던히도 '선회'하고

곧장 가는 법 없이 멀리 돌아 '우회'하며,

허나 그 결실은 틀림없이 기준보다 웃돌아 '상회'한다.

'기회'는
불어오는 바람에 편승하려는 치열한 눈치작전이 아니라 언제나 자신의 최선에 최선을 다하는 섬세한 꾸준함이다. 호시탐탐 낚아챌 짬을 노리는 비루한 노림수가 아니라 꼭 알맞은 시기에 제대로 쓸 수 있도록 늘 준비하고 채비하는 고지식한 기다림이다.

'기회'는
내가 생각하지 못한 때에 부름을 받는 것
내가 예측하지 못한 쪽에서 문이 열리는 것
내가 계획하지 않은 곳에서 자리를 잡는 것이다.

'만회'는
꼭 그 자리에 그 사람에게
받은 만큼 되갚는 옹졸한 것이 아니라,
다음 세대에게 다른 사람에게 다른 때에
꼭 필요한 곳에 되돌려주는 대범한 그 무엇이다.

잘 살면 갚는 것이다.

잘 살면 되는 것이다.

그래서 '만회'라는 말은

빗발치는 비난에도 언제나 대수롭지 않고 그저 평안한 사람,

자신의 실수를 만회할 새로운 기회를

스스로 만들고 만끽하는 사람에게 어울리는

성실의 말이다.

13

'거절'에 대하여

"의리를 지키기 위해 거절했다."

이동국은 중동의 한 구단으로부터 받은 100억 원대의 러브콜을 거절한 이유를 이렇게 말했다. 이동국은 최강희 감독과의 의리를 지키기 위해 그 제안을 거절한 것을 "후회하지 않는다."고 말해 감동을 자아내기도 했다.

'거절'은
죽도록 하기 싫은 것에 대한 말이 아니라
미치게 하고 싶은 것에 대한 말이다.

'거절'은
다른 거 말고 내가 하고 싶은 일에 집중하고 몰두하겠다는 선언이다. 거절은 버리는 것이 아니라 지키는 것이다. 밀려드는 파도로부터 내 자신을 지키는 것, 나를 믿어주는 사람에게 의리를 지키는 것이다.

'거절'은
남들이 좋다는 대로, 남들이 다 하는 대로가 아니라,
가슴속 깊은 곳에 침잠해 들어가
잠들어 있는 나를 흔들어 깨워, 묻는 것이다.
'너 진짜 어떡할래?'
그 대답대로 하는 자존심이다.
그 대답대로 사는 자신감이다.

'거절'은
'나는 그렇게 하기 싫다'가 아니라
'나는 그렇게 할 수 없다'에 가깝다. 거절은 밖에다 대고 외치는 말이 아니라 안으로 가만히 하는 말이다. 내가 어떤 사람인지 나의 기질을 밝혀주고, 내가 무엇을 제일 아까워하고 아끼는지 알려주는 고마운 말이다.

그래서 '거절'이라는 말은
억만금을 준다고 해도 바꿀 수 없는
보배를 지니고 사는 사람만이 할 수 있는
여유로운 말이다.

14

'설렘'에 대하여

**"운동장을 밟기 전, 오늘은 뭘 할지 고민하며 기다리는
그 몇 초의 설렘을 은퇴하는 순간까지 간직하고 싶다."**

이동국은 신인왕, MVP, 득점왕, 도움왕 등 이 땅에서 축구 선수로서 받을 수 있는 상은 모두 받았다고 해도 과언이 아니다. 그러나 그는 "아직도 나는 할 게 많다."고 말하며, 아직 자신의 시대가 끝나지 않았음을 강조했다.

'설렘'은
기분 좋은 떨림이다.
두려움이 호기심으로 바뀌는 순간,
괴로움이 자긍심으로 바뀌는 순간이다.

'설렘'은
영웅이라는 칭호보다 달콤하고,
전설이라는 영광보다 매력적이다.

'설렘'은
확실한 목표 의식이며 지속적인 동기 부여이다.
계속 할 수 있는 힘이다.

'설렘'은
모든 상을 휩쓴 사람의 만족을 모르는 욕심이 아니라
지칠 줄 모르는 책임감이다.

'설렘'은
정상에 오른 사람이 부리는 여유가 아니라
끊임없이 도전하는 긴장감이다.

'설렘'은
해볼 것 다 해본 사람의 한가한 감정놀이가 아니라
여전히 새로움에 몸을 던지는 모험심이다.

'설렘'은
심장의 오작동이 아니라
아직 살아있다는 증거, 생기 넘치는 생명력이다.

오래된 설렘, 노장도 설렌다.

'설렘'은 '아직도 할 게 많다'는 사람의 두근거림이다.
해야 할 게 많고, 하고 싶은 게 많고,
아직 해보지 못한 게 많다.

할 수 있는 게 많고, 하면 좋을 게 많고,
아직 해보지 않은 게 많다.

이제야 그럴 자격이 생겼다.
이제야 그럴 능력이 생겼다.

욕심도 참 없다.
20년 동안 축구를 계속 할 수 있었던 원동력이 그 몇 초의 설렘이었다니. 그 설렘이 도대체 무엇인지 궁금해진다. 무엇이 담긴 시간이기에 한 사람을 평생 동안 황소처럼 땀 흘려 뛰게 하는가.
20년을 하고도 그런 설렘의 시간을 또 계속 가지겠다니.
욕심도 참 많다.

몇 초의 설렘은 찰나의 순간이지만
그 순간을 영원히 기억하고 간직하고 싶은 짜릿한 기쁨이다.
몇 초의 설렘은 짧은 시간이지만
흔들리지 않고 전진하고 정진하게 만드는 고마운 바탕이다.

그의 경기는 아직 끝나지 않았다.

그의 설렘은 아직 멈추지 않았다.

그래서 '설렘'이라는 말은

진짜 좋아하는 일과 정말 잘하는 일을

빈틈없이 딱 맞물려놓은 사람에게만 어울리는

흥미진진한 즐거움의 말이다.

15

'아쉬움'에 대하여

"당연히 아쉬움은 있다."

이동국은 월드컵에 대해 이렇게 말했다. 1998년 프랑스 월드컵 네덜란드와의 경기에서 13분, 2010년 남아공 월드컵 아르헨티나와의 경기에서 9분, 우르과이와의 경기에서 29분. 단 51분의 기회를 가졌을 뿐이기에 이동국의 인생에서 월드컵이라는 페이지는 어떤 완결을 짓기에는 부족한 채 끝났다. K리그 역대 최고의 공격수가 된 이동국에게 꼬리표처럼 따라붙는 월드컵에서의 실패 혹은 비운을 많은 사람들이 안타까워하고 있다.

'아쉬움'은 무엇인가.

'아쉬움'은
남이 내게, 그런대로 쓸 만하지만
충분하진 않다고 내린 평가에 대한 의기소침함이 아니라,
나는 내가, 게으름 피우는 모습을
한순간도 용납하지 않으며 살았다는 자신감이다.

'아쉬움'은
아직 버리지 못한 미적지근한 미련이 아니라,
남김없이 나의 모든 것을 태우고 또 태운 사람만이 알 수 있는
상쾌함이다.

'아쉬움'은
이제까지 떨쳐내지 못한 속상함과 우울함이 아니라,
끊임없이 따라다니는 논란과 가십도 가볍게 받아넘길 수 있는
호쾌함이다.

'아쉬움'은
여태 벗어던지지 못한 터무니없는 아집이 아니라,
나는 나에게 주어진 책임과 의무를 충분히 완수했다는
통쾌함이다.

'아쉬움'은
겹쳐오는 불운에 대한 불만이 아니라,
최선을 다했다는 충만함이다.

'아쉬움'은
덮쳐오는 불행에 대한 불평이 아니라,
계속해서 하겠다는 용감함이다.

'아쉬움'은
나를 알아주지 않는 세상에 대한 꽁한 투덜거림이 아니라,
나는 나의 길을 가겠다는 결연함이다.

'아쉬움'은 아무나 할 수 있는 말이 아니다.
최선에 최선을 다해본 사람에게만 그 자격이 주어지는 말이다.
그토록 어려운 말이다.

때문에,
'아쉬움이 없다'는 말보다
'아쉬움은 있다'는 말이
지나온 시간에 대하여 훨씬 더 책임 있고 무거운 말이다.

'아쉬움'은
난 어떻게 해도 내 인생에서,
월드컵을,
지울 수도
잊을 수도
잃을 수도 없다는
길고도 질긴 고백이다.

그래서 '아쉬움은 있다'는 말은
어떠한 미진함도 없이 자신의 모든 것을 쏟아내어
지금도 그 현장을 지키고 책임지는 사람만이 말할 자격이 있는
솔직하면서도 홀가분한 애증의 말이다.

16

'흔들림'에 대하여

"세상 그 어떤 것도 나를 흔들 수 없다."

이동국의 롤러코스터 같은 인생을 담은 자전 에세이의 제목이다. 이동국이 수많은 고비를 견뎌내기 위해 어떤 노력을 해왔는지 말해주는 책이다. 2013년에 낸 책이지만 지금 현재의 이동국을 읽기에도 유용한 자료이다.

'세상 그 어떤 것도 나를 흔들 수 없다'는
'세상 모든 것이 나를 쥐고 흔들어댔다'는 뜻이 아닌가.

'흔들 수 없다'는
'제발 더 이상 흔들지 말라'
'혼자 서 있기도 힘겨운 사람을 너무 괴롭히지 말라'는
당부의 말이 아닌가.

오늘도 우리는 누군가를 마구잡이로 흔들어댄다.

별 생각 없이 한 말이
다른 사람의 일상을 통째로 흔들어놓고,
별 뜻 없이 한 행동이
다른 사람의 일생을 송두리째 흔들어버린다.

무심결에 뱉은 말이 다른 사람의 존재를 모두 부정하고,
심심해서 단 댓글이 다른 사람의 꿈을 무참히 짓밟아버린다.

'흔들 수 없다'는
누구든 덤벼보라는 거인의 엄포가 아니라,
내 마음의 중심을 잃지 않기 위해 매번 다시 균형을 잡겠다는
간절함의 말이다.

'흔들 수 없다'는
무조건 어떤 조언도 듣지 않겠다는 귀 막음이 아니라,
바람이 부는 대로 무작정 흔들리고만 있을 수는 없다는
절실함의 말이다.

'흔들 수 없다'는
나와 우리 가족만 안락하면 된다는 안일한 생각이 아니라,
누구를 흔들지도 누구에게 흔들리지도 않는 삶을 살겠다는
강건함의 말이다.

'흔들 수 없다'는
어떤 흔들림에도 끄떡없다는 맷집 센 자랑의 말이 아니라,
그 누구도 나를 마음대로 쥐고 흔들지 못하게 하겠다는
의지의 말이다.

그래서 '세상 그 어떤 것도 나를 흔들 수 없다'는 말은
불혹(不惑),
어떠한 유혹에도 미혹되지 않는
어떠한 유혹에도 현혹되지 않는
나이, 마흔인 사람의
수많은 흔들림 속에서도 지극한 안정과 평화를 찾았다는
평정심의 말이다.

17

'여전히'에 대하여

"나만의 월드컵은 여전히 진행 중이다."

2014년 브라질 월드컵 승선이 불발되고 소감을 묻는 질문에 이동국은 이렇게 말했다. 그는 "내 개인의 월드컵보다 대한민국의 월드컵이 중요하다."며 대표팀에게 응원을 전하면서, 자신에게는 지금 뛰고 있는 경기가 더 중요하다고 소신을 밝혔다.

'여전히' 진행 중.

진행은 행진이다.
앞으로 나아가는 것, 꾸준히 나아지는 것이다.

'여전히'는
또 그 나물에 그 밥 타령의 식상함이 아니라 언제나 변함없이 새로움을 찾아 나서는 박진감 넘치는 신선함이다.

'여전히'는
하던 대로 하고 하라는 대로 하는 뻣뻣함이 아니라 한결같이 잘하는 통에 그 누구도 함부로 대체할 수 없는 개성 넘치는 존재감이다.

'여전히'는
흐르는 시간에 따라 헐겁고 느슨해지는 게으름이 아니라 늘 변함없는 나를 만들고 만나는 박력 넘치는 반가움이다.

'여전히'는
쇠하고, 저물고, 둔하고, 굼뜬 자신을 절대 용납하지 않고
오늘의 나를 어제의 나와 같이 회복시키는 절대 체력이다.

'여전히'는
무작정 세상이 말하는 대로 따라가는 안이한 생각이 아니라, 나에게 무엇이 더 중요한지 아는 판단력이다. 다른 사람들의 평판에 휘둘리는 소심한 생각이 아니라, 나에게 더 중요하다고 판단 내린 것에 마음을 쏟는 집중력이다. 덮어놓고 반복하고 재탕하는 진부한 생각이 아니라, 나에게 더 중요한 것에 집중하기 위해 크고 작은 벽을 뛰어넘는 추진력이다.

'여전히'는
여전히 지키고 가꿀 영토를 가진 사람의 풍요로운 말
여전히 지키고 가꿀 능력을 가진 사람의 여유로운 말
여전히 지키고 가꿀 의지를 가진 사람의 정성스러운 말이다.

그의 '여전히'는
여전히 현재 진행형이다.

그래서 '여전히'라는 말은
시간이 지날수록
나이를 먹을수록
더 오래 더 멀리 성큼성큼 전진해나가는,
여전히 여전한 현역인 선수에게만 어울리는
신념의 말이다.

18

'가족'에 대하여

"나의 버팀목이다."

이동국은 자신에게 가족이란 힘들 때나 좋을 때나 항상 내 편이 되어주는 존재, 든든한 버팀목이 되어주는 존재라고 말했다.

'가족'은 '함께'하는 것이다.

'가족'은
나의 빛나는 순간에도 어김없이 '함께'
나의 단순한 일상에도 아낌없이 '함께'
나의 암울한 시간에도 어김없이 '함께' 하는 나의 지지자이다.

'가족'은
누가 누구를 키우고 가르치고 부양하고 책임지는 것이 아니라, 그냥 '함께'하는 것이다. 함께 기쁨을 나누고, 함께 슬픔을 나누고, 함께 고민을 나누고, 함께 이야기를 나누며, 서로가 서로의 삶을 나누어갖는 다정한 관계이다.

'함께'는
내가 너흴 누구보다 호강시켜주겠다는 호언장담이 아니라, 내 곁에 너희가 서 있는 이 기적 같은 오늘에 대한 고마움이다. 내가 너흴 누구보다 행복하게 만들어주겠다는 허튼소리가 아니라, 너희 없는 나의 시간은 기억할 수도 없게 만들어준 너희의 기다림과 애태움에 대한 미안함이다. 내가 너흴 누구보다 잘살게 해주겠다는 큰소리가 아니라, 너희 없이는 어떤 미래도 그릴 수 없게 된 나에 대한 반가움이다.

'함께'는
너희가 아니면 난 지금 어떻게 됐을까,
때때로 밀려드는 두려움이다.
너희가 아니면 난 지금 어떻게 살고 있을까,
때때로 밀려오는 아찔함이다.

'가족'은
상상했던 것보다 훨씬 더 큰 기쁨을 가져다주는 살가운 인연이다. 상상했던 것보다 훨씬 더 많은 사랑을 가져다주는 곰살궂은 운명이다. 상상했던 것보다 훨씬 더 깊은 행복을 가져다주는 친절한 행운이다. 이 모든 것이 '함께'이기에 가능한 일임을 아는 총명한 사람들이 '가족'이다.

'함께'는

저렇게 근사한 사람들이

어떻게 내 옆에 있게 되었는지에 대한 궁금증이다.

이렇게 어여쁜 사람들과

어떻게 '가족'이 되어 사랑하게 되었는지에 대한 감사함이다.

그래서 '가족'이라는 말은

10년 20년 30년…

'함께'를 꿈꾸고 정성을 기울이는 사람들에게 어울리는

아름다운 동행의 말이다.

19

'기억'에 대하여

"나를 오래 기억해달라."

200호 골을 터트린 뒤 등번호 20번이 새겨진 자신의 유니폼을 들어 보인 이동국은 세리머니의 뜻을 이렇게 밝혔다. 이동국은 2017년 10월 29일 전주월드컵경기장에서 열린 경기에서 개인 통산 200호 골을 기록했다.

'기억'은
억지로 붙잡는 것이 아니라
저절로 머물러 사는 것이다.

'기억'은
너와 함께 했던 시간, 너와 함께 흘렸던 눈물
너와 함께 했던 공간, 너와 함께 했던 환희를
오래오래 간직하며 함께 사는 것이다.

'기억'은
지난날의 추억을 더듬는 하릴없는 심심풀이가 아니라 오늘 몫으로 환원된 내 삶의 일부이다.
비상한 기억력으로 재현된 어제가 아니라 그 가치를 제대로 알고자 하는 따뜻한 관심이다.
비범한 정보력으로 완성된 이력서가 아니라 그 의미를 제대로 알리고자 하는 뜨거운 사랑이다.

기억할 만한 가치가 있는 일을 기억하는 것이 아니라,
기억하는 일이 가치 있는 일이다.

'기억'은
저절로 돋아나 습관이 되고
날마다 그리워 일상이 된 '너'이다.
내 머리에 집을 지은 너와 사는 방법
너 없이도 너와 함께 즐겨 사는 방법이다.

무슨 일만 생기면 생각나는 이름
무슨 일만 있으면 떠오르는 얼굴…

'기억'은
너 없인 살 수 없는 나를 위해, 네가 두고 간 너의 체취이다.
너 없인 살 수 없는 나를 위해, 네가 쥐여 준 너의 심장이다.

'기억'은
나에게도 그런 날이 있었다는 것
나에게도 그런 네가 있었다는 것
나에게도 그런 인연이 있었다는 것을
잊을 수 없는 기쁨이다.

그래서 '나를 오래 기억해달라'는 말은
오랜 시간에 걸쳐 우리 삶 속에
자신의 등번호를 새기고 또 새겨 넣은 사람만이 할 수 있는
영원한 약속의 말이다.

20

'계속'에 대하여

> "나이가 아닌 선수로서의 기량과 가치를 인정해준 구단에 감사하다. 내년에도 전북이라는 이름에 자부심을 갖고 그라운드에서 내가 가진 모든 것을 쏟아내겠다."

> 2017년 11월 22일 전북현대와 1년 재계약에 성공한 이동국은 자타공인 '기록의 사나이'다. 이동국은 2017년 9월 17일 포항을 상대로 K리그 최초 '70(골)-70(도움)클럽'에 가입했고, 10월 29일 K리그 사상 최초로 200골을 돌파했다. 이동국은 개인 통산 득점 부문에서 신기록 행진을 계속 이어가고 있다.

'계속'하는 것이 능력이다.

재능이 없으면 계속할 수 없다. 계속하는 것이 재능이다.
강력하지 않으면 계속할 수 없다. 계속하는 것이 강력함이다.

한 번은 우연이고, 두 번은 실험이지만,
'계속'은 움직일 수 없는 확실한 실력이다.

처음 반짝 빛나는 것도 어렵지만 계속하는 것은
진짜 더 어렵다.
크게 한 방 날리는 것도 값지지만 계속하는 것은
정말 더 값지다.

'계속'은 지루함이 아니라 새로움이다. 스스로를 마지막까지 쥐어짜는 착취가 아니라 한 번 더 기회를 주는 너그러움이다. 겨우겨우 현상 유지나 하자는 소심함이 아니라 끈질기게 한 계단 한 계단 밟아 올라가는 치열함이다. 얼마나 가는지 두고 보자는 차가운 시선에도 절대로 흔들리지 않고, 영원히 함께하자는 뜨거운 애정공세에도 함부로 동요하지 않고, 그저 제 갈 길을 저벅저벅 걸어가는 우직함이다.

'계속'은
느긋하게 빨리 가는 법
쌩쌩하게 오래 가는 법
차분하게 멀리 가는 법이다.

계속은
차곡차곡 쌓인 내공으로
차근차근 최고(最高)를 최고(最古)로 누리는 것이다.

그래서 '계속'이라는 말은
자신에게 주어진 모든 시간을
후회 없이 계속해서 살아낸 사람만이 걸 수 있는
마법의 주문이다.

21

'자기관리'에 대하여

"낮잠 시간마저 칼 같이 지키는 것을 보면서 많이 배우고 있다."

이동국의 낮잠까지 배우고 싶어 하는 전북현대의 동료이자 후배인 이재성의 말이다. 국가대표팀에서 한솥밥을 먹었던 이근호도 "신기할 정도로 철저하게 관리한다."고 말한다. 어디서나 최고참인 나이가 되었지만 이동국은 언제나 자기관리에 철저하다.

'자기관리'는 지키는 것이다.
내가 세운 규칙을 즐겨 지키는 일
나와의 약속을 지켜 나를 지키는 일이다.

'자기관리'는
남들은 흉내도 낼 수 없는 속도의 뜀박질을, 남들은 꿈도 꿀 수 없는 강도의 열심을, 남들은 상상도 할 수 없는 농도의 성실을 스스로에게 강요하는 것이 절대로 아니다. 숨도 제대로 쉴 수 없을 만큼 바쁘게 뺑뺑이 돌리는 것이 아니라, 오히려 스스로를 '칼 같이 낮잠 재우는 일'에 더 가깝다.

'자기관리'는 정해진 시간에
그 어떤 일도 생략하지 않고
그 어떤 일도 과장하지 않고
그 어떤 일도 대충하지 않고, 뚜벅뚜벅 해내는 것이다.
철저한 자기관리를 하는 사람만이 달콤한 낮잠을 잘 수 있고,
철저히 낮잠을 자는 사람만이 철저한 자기관리를 할 수 있다.

'자기관리'는
더도 말고 덜도 말고 꼭 알맞게 나의 원형을 구축하는 일이다.
나에게 알맞은 질량과 밀도를 찾는 일이며, 그렇게 찾아낸 것을
가감 없이 늘, 변함없이 늘, 지키고 실행하는 능력이다.

자기관리에 굉장한 비법이나 비결은 따로 없다.
특별한 보양식이나 별스런 훈련법이 있는 것도 아니다.
그저, 누구나 다 알지만 그 누구도 하지 못하는 것을
진짜로, 할 뿐이다.

낮잠을 자는 사람과 자지 않는 사람의 차이,
자신이 정한 일상을 사는 사람과 살지 않는 사람의 차이,
자신과의 약속을 지키는 사람과 지키지 않는 사람의 차이,
자기관리의 길은 그 차이를 좁히고 그 간극을 없애는 사이,
바로 그 '사이'에 있다.

자기관리는 특별할 것이 없어서 더 특별한 비범함, 평범함을 거부하지 않는 특별함, 담담한 삶을 살아내는 단단함이다.

그래서 '철저한 자기관리'라는 말은
삶의 풍랑 속에서도
파도의 높고 낮음에 상관없이,
세상의 칭찬과 비방에 관계없이, 자신에게 주어진 몫의 오늘을
후회 없이 살아낸 사람만이 들을 수 있는 말이다.

22

'체력'에 대하여

**"한국 나이 마흔 살인 동국이는 불가사의다.
풀타임을 뛰어도 다음 날 피부가 뽀송뽀송하다."**

이동국의 체력에 대한 최강희 감독의 말이다. 이동국 영입에 구단이 '양로원 만들 거냐?'고 불만을 토했지만, 최강희 감독은 이동국의 기량과 체력을 믿었다. 당시만 해도 '재활공장장'이라는 놀림을 받던 최 감독은 자신이 부활시킨 이동국과 함께 전북현대를 최고의 팀으로 만들어내며 한국 축구의 새 역사를 써가고 있다.

'체력'은

타고나는 것인가.

관리하는 것인가.

'체력'은 회복능력이다.

되돌릴 것, 되돌아갈 곳이 있다는 사실을 아는 것이다.

'체력'은 다시 제자리로 돌아가는 능력이다.

나에게

돌아갈 시간과

되돌릴 기회를

충분히 주는 너그러움이다.

나는 돌아갈 수 있는 사람이라는 것을,

나는 돌아갈 곳이 있는 사람이라는 것을,

나는 나를 기다리고 응원해주는 사람이 있는 사람이라는 것을,

나는 나의 극복과 회복을 나보다 더 기뻐해주는 사람이 있는 존재라는 것을 아는 사람만이 가질 수 있는 능력이다.

'체력'은 다시 처음처럼 돌려놓는 능력이다.
처음 먹은 마음으로,
처음 마주했던 설렘의 색깔로,
처음 가졌던 뽀송뽀송한 표정으로, 자신을 돌려놓을 수 있다는 믿음이다. 하룻밤만 푹 자고 나면 무슨 일이 있어도 딱 원래의 내가 될 수 있다는 신념이다. 원래의 내가 참 괜찮고 기특하고 멋지다는 진실을 깊이 아는 일이다.

'체력'은 언제든 최선에 최선을 다할 수 있도록
나의 몸과 마음을 준비시켜놓는 성실함이다.
도둑맞은 물건 찾아오는 사람처럼 쌩 낚아채서는 아무렇게나 다 써버리는 통쾌함이 아니라, 살면서 바닥을 보이는 크고 작은 것들을 메우고 쌓고 채우는 꾸준함이다.

'체력'은
지치고 힘든 나를
정성껏 씻기고 먹이고 재우는 따스한 보살핌이다.

'체력'은
마치 한번도 넘어지지 않았던 사람처럼,
마치 한순간도 흔들리지 않았던 사람처럼,
다시 아침을 여는 의연함이다.

'체력'은
마치 어떤 것도 맺히거나 걸리지 않는 사람처럼,
마치 모든 것을 통달하고 달통한 사람처럼,
다시 하루를 시작하는 의젓함이다.

아무리 힘들어도 나를 내버려 두지 않고
아무리 흥겨워도 나를 놓아버리지 않겠다는 다짐,
그것이 체력이다.

'체력'은
줄곧 빼내어 쓰기만 해도 버텨내는 깡다구가 아니라
내내 닦고 조이고 기름칠하는 근면함이다.

그래서 '체력이 좋다'는 말은
하루도 빠짐없이 매일매일
자신을 원래의 모습으로 되돌려놓은 사람만이 들을 수 있는
최고의 찬사다.
그런 사람만이 어김없이 오늘도 또 내일도
체력이 좋을 수 있다.

23

'실력'에 대하여

"좀 주책이죠."

"이동국이 잘하는 것인가? 후배들이 분발해야 하는 것인가?" 노장 이동국의 실력에 대한 기자들의 질문에 최강희 감독은 웃으면서 이렇게 말했다. 전북현대는 2018년 5월 20일 FC서울과의 원정 경기에서 이동국의 골에 힘입어 4-0으로 대승을 거두었다.

'주책'의 사전적 의미

1.일정하게 자리 잡힌 주장이나 판단력.

2.일정한 줏대가 없이 되는대로 하는 짓.

'주책'은 일반적으로 2번의 뜻으로 쓰인다. 그런데 사전에는 '일정하게 자리 잡힌 주장이나 판단력'이란 의미가 1번의 뜻이다. 여기에 주목한다.

언제나 일정한 속도, 일정한 방향을 유지할 수 있는 것이 실력이다. 꼭 필요할 때 그 필요한 것을 따박따박 내놓는 것이 진짜 실력이다. 컨디션에 따라, 날씨에 따라, 상대에 따라, 들쑥날쑥하지 않고 언제나 '일정한' 결실을 맺는 것이 진짜 실력이다.

긴긴 터널을 지나서 이제는 승리를 부르는 몸으로 자리 잡힌, 승리를 지키는 자기관리로 자리 잡힌, 골맛을 아는 근육으로 자리 잡힌, 골 넣는 순간을 잡아내는 판단력이 '자리 잡힌' 상태가 진정한 실력이다.

그래 그는 '주책'맞다.

그 나이에 '주책맞을 수 있는 것'이 '실력'이다.

'실력'은

실제로 내 몸에 지니고 있는 능력이다. 웬만해서는 지워지지 않는 것, 어지간해서는 없어지지 않는 것이다. 완벽한 균형점을 찾아 장착되어, 언제 꺼내어 써도 한 치의 오차 없이 발휘될 수 있는 것, 그 생각대로 그 주장대로 그 판단대로 따라가기만 하면 되는 것이 진짜 실력이다.

'실력'은

어쩌다 최고점을 찍은 기적이 아니라 늘 일상처럼 일정하게 결과물을 내놓는 것이다. 일정하게 자리 잡힌 실력은 계량이 가능하기에 예측이 가능하고 예측이 가능하기에 계획이 가능하다. 계획대로 차곡차곡 쌓이고 쌓인 실력은

기록이 되고, 기억이 되어,

역사가 된다.

그래서 '주책'이라는 말은

오랫동안 꼬박꼬박 실력을 쌓은 사람에게만 어울리는

유쾌한 칭찬의 말이다.

24

'슈퍼맨'에 대하여

"대박"

이동국의 아들 이시안의 태명이다. 이동국은 겹쌍둥이 네 딸, 막내아들과 함께 TV 예능 프로그램 〈슈퍼맨이 돌아왔다〉에 출연하고 있다. '대박이'로 불리는 막내아들은 이동국 못지않은 인기를 누리고 있다.

'슈퍼맨'이 돌아왔다.

그동안 내내 거기 있었지만 우리가 몰라봤다.
그동안 줄곧 여기 있었지만 이제야 돌아봤다.

'슈퍼맨'은
언제든 하늘 높이 날아오를 것 같은 비범한 사람이 아니라,
우리 곁에 늘 있어 주는 친절한 사람이다.
어디서나 튀고 넘치는 특출난 사람이 아니라,
자신의 말과 행동에 끝까지 책임지려는 진중한 사람이다.
강철 같은 체력과 멘탈을 가진 특별한 사람이 아니라,
자신에게 주어진 일을 꾸준히 해내는 성실한 사람이다.

알고 보면 다 그럴 만한 사정이 있고
살다 보면 다 그럴 만한 사연이 있고
들어 보면 다 그럴 만한 이유가 있다.
하지만, 슈퍼맨은 핑계를 대지 않는다.

'슈퍼맨'은
이해받으려고 칭얼대고, 칭찬받으려고 알짱대고
혼날까 봐 도망 다니고, 지적받으면 심통 부리고
좀 힘들면 금세 관두고, 잘못되면 남 탓하기 바빴던
우리를 반성시킨다.

짬이 없는 것이 아니라, 마음이 없었던 거라고
운이 없는 것이 아니라, 실력이 부족했던 거라고
우리를 각성시킨다.

'슈퍼맨'은
어떠한 경우에도 쉽게 변명하지 않고, 시간을 쪼개고 쪼개 변함없이 자신을 돌보고 가꾼다. 어떠한 방해공작에도 쉬이 꺾이지 않고, 정성을 모으고 모아 빈틈없이 자신을 격려하고 독려한다. 어떠한 공격에도 쉽사리 자신의 일상과 일과를 손상시키지 않고, 촘촘히 시간의 밀도를 높이고 찬찬히 마음의 순도를 높여 진짜 자신이 되어간다.

그래서 '슈퍼맨'이라는 말은

늙어가는 슈퍼맨

아이 딸린 슈퍼맨

우리 집의 슈퍼맨…

아무리 많은 수식어가 주렁주렁 붙어도 거뜬히 자신을 세우는

진정한 프로에게만 어울리는

멋진 이름이다.

그래서,

대박이 아빠가 '슈퍼맨'이 아니라

슈퍼맨 이동국이 '대박'인 것이다.

때문에,

아이 태명이 대박인 것은 우리에게

반드시 '슈퍼맨으로 돌아오겠다'는

이동국의

엄청난 복선의 말이었던 것이다.

나이 마흔에도

최고령 선수임에도

종횡무진 경기장을 누비는 최고의 골잡이,

이동국이 '슈퍼맨'이다.

말 그대로 진짜 '대박'이다.

25

'시간'에 대하여

"10년 전북맨 이동국"

> 전북현대모터스는 2017년 11월 22일 이동국과 1년 재계약에 합의했다. 2009년 처음 전북 유니폼을 입은 이동국은 10년이라는 시간 동안 전북과 함께하고 있다.

어떤 시간은 흘러가고,
어떤 시간은 쌓이는가.

'더 빨리' '더 많이'
속도와 효율에 매이고 치인 시간은 단지 흐르고 흐를 뿐이다. 시간을 함부로 거역하지 않고, 자신의 몸과 마음에 시간의 의미를 새겨 넣어야만 쌓이고 쌓일 수 있다. 흘러가버린 시간은 우리를 낡고 녹슬게 만들어버리지만, 쌓이고 쌓인 시간은 나를 더 깊고 더 진하게 숙성시킨다. 시간이 주는 지혜와 안목과 가르침이 나를 뭔가 다른 존재로 바꾸어놓는다.

'시간'은
그저 지나가는 소란과 소동일 수도 있었던 일을 역사로,
그저 평범한 개인일 수도 있었던 한 인간을 영웅으로 만드는 힘이 있다.

시간이 쌓이고 쌓이면
그날 그 사건은 전설이 되고 역사가 되고,
그때 그 사람은 신화가 되고 영웅이 된다.

'시간'은
아무런 간섭도 아무런 참견도 하지 않는 무신경한 것처럼 보이지만, 사실은 매우 까다로운 기준과 혹독한 조건을 가진 냉철한 존재이다. 때문에 대부분의 사람들이 시간을 쌓지 못하고 흘려보내고 만다. 시간의 선택을 받은 극히 일부의 사람만이 시간을 쌓을 수 있다. 쌓이고 쌓인 시간은 내가 나의 색과 나의 향을 만들고 간직하도록 작용하고 작동한다. 차곡차곡 쌓인 시간은 나를 진짜 '나'로 거듭나게 만든다.

10년의 내공을 쌓은 시간
10년의 이야기를 쌓은 시간
10년의 나이테를 가진 시간

'시간'은

멋진 무늬를 새기는 섬세한 세공사이고,

진짜와 가짜를 구별하는 매서운 감별사이며,

최선을 최고로 만들어내는 엄격한 조련사이다.

그래서 '10년 동안 함께'라는 말은

시간이 흐를수록 퇴락하고 퇴보하는 사람이 아니라,

시간이 쌓일수록 더욱 투명해지고, 더욱 선명해지고,

더욱 견고해지는 사람에게만 허락되는

결실의 말이다.

26

'읽기'에 대하여

"내 위치만 파악하면 골대는 볼 필요가 없다."

발리슛의 장인 이동국의 말이다. 발리슛을 하기 위해서는 위치 선정이 매우 중요하다. '전체 경기의 흐름을 읽어야'만 발리슛을 할 수 있는 위치를 선점할 수 있다. 자신이 가장 좋아하고 자신 있는 자리를 찾아야만, 좋은 크로스가 왔을 때 훈련한 대로 발리슛을 할 수 있다.

전체를 읽다.
경기를 읽다.
흐름을 읽다.

'읽기'는
내가 '있는' 위치를 알게 하고
내가 '있을' 위치를 알게 한다.

'읽기'는
머리로 깨우치는 일이 아니라 몸을 깨우는 일이다. 책상 앞에 앉아서 글자나 숫자와 씨름하는 일이 아니라, 마치 저절로 되는 것처럼 보이게 되기까지 몸으로 익히는 공력이다. 밤새 모아둔 자료와 정보를 정리하고 분석하는 일이 아니라, 어쩌다 거기 있다 주워먹는 것처럼 보이게 되기까지 몸에 새겨 넣는 땀과 눈물이다. 누가 대신 말해준 것을 따라 배우고 외우는 일이 아니라, 마치 처음부터 그다지 어려운 일이 아닌 것처럼 보이게 되기까지 몸으로 익히고 또 익히는 반복 훈련이다.

'읽기'는

내가 무엇을 제일 잘하는지 알게 하고

내가 어디를 가장 좋아하는지 알게 한다.

자신이

잘하는 걸 찾아 늘 잘 하게 만드는 일,

그것이 '읽기'다.

'읽기'는

언제나 어디서나

누구보다 한 박자 빠르게

몸이 기억한 일을 몸이 정확히 구사하도록 만드는 노력이다.

그렇게

그 틈새를 알아보는 능력,

그 찰나를 잡아채는 능력,

어떤 상황에서도 몸이 자동으로 반응하도록 만드는 능력이다.

그래서 '읽다'라는 말은

어려운 일을 쉽게 해치우기까지

수천수만 번 스스로를

단련시키고 훈련시킨 사람만이 들을 수 있는

영광스런 경탄의 말이다.

27

'외로움'에 대하여

"원톱은 외로운 자리다."

이동국은 원톱 스트라이커에 대해 이렇게 말했다. 이동국은 스트라이커의 역할은 팀플레이를 위해 희생하고, 앞에서 싸워주며 기회를 만드는 것이라고 자신의 생각을 전했다.

'외로움'은
혼자인 '나'를 마주하는 씩씩함이다.
그 누구도 나를 대신할 수 없고,
그 누구도 나의 시간을, 나의 생각을, 나의 결심을,
대신 할 수 없다는 깨달음이다.

의논을 할 수도 있고, 도움을 받을 수도 있고, 조언을 구할 수도 있지만, 결국 마지막 결정은 나의 몫이다.

'외로움'은 영광도 실패도 온전히 나의 몫이라는 자각이다.

'외로움'은 홀로 고립되어 느끼는 씁쓸함이 아니라, 어디까지가 나의 책임인지 어디까지가 나의 한계인지 따져보는 사명감이다. 홀로 적진에 남겨진 쓸쓸함이 아니라, 어디까지가 나의 의무인지 어디까지가 나의 몫인지 판단하는 처절함이다. 홀로 고독을 씹는 서글픔이 아니라, 어디까지가 나인지 언제까지 나일 수 있는지 사유하는 치열함이다.

'외로움'은

세상이 몰라줘도 나는 나에게 믿음을 주는 성실함이다.

세상이 환호해도 나는 나에게 의문을 품는 성실함이다.

'외로움'은

스스로 감당하고

스스로를 감당하는 일이다.

그래서 '외로움'이라는 말은

누구를 원망하지도 탓하지도 않으며,

누구를 의지하지도 기대지도 않으며,

오롯이 자신의 힘으로 삶을 일궈나간 사람만이 할 수 있는

뜨거운 소망의 말이다.

28

'앎'에 대하여

**"잘됐을 때 플레이는 내 몸이 알고 있다. 그걸 억지로 찾으려고
하기보다는 서서히 몸으로 느끼는 게 중요하다.
골대는 움직이지 않는다."**

2008년에 이동국이 인터뷰 중에 했던 말이다. 당시 이동국은 유럽 무대에서의 실패와 K리그에서의 부진이 맞물려 '이젠 안되겠다'는 비판을 받았었다. 하지만 다른 한편에서는 많은 팬들이 이러한 시련이 그에게 좋은 약이 되기를 바라고 있었다.

'앎'은 아는 것이다.

자신의 무지와 안일이 얼마나 뿌리 깊은 것인지 아는 것,

스스로가 얼마나 어리석고 나태한 존재인지 아는 것이다.

또한

자신의 실력과 재능이 얼마나 소중한 것인지 아는 것,

스스로가 얼마나 눈부시게 빛나는 존재인지 아는 것이다.

하지만

세상일이 다 내 맘 같진 않다는 것을 아는 것,

그러나 그것이 꼭 그렇게 나쁘지만은 않다는 것을 아는 것이다.

'앎'은 앓는 것이다.

어린아이가 호되게 앓고 나면 키가 훌쩍 자라듯 심하게 앓고 나면 자신도 모르게 알게 되는 것이 있다. 거꾸로 말하면 무엇인가를 온전히 알고 깊이 받아들이려면 온몸과 온 마음으로 혹독하게 앓아야 한다는 뜻이다. 이제 막 알기 시작한 것을 더 잘 알고 싶어 노력하지만 안다는 것은 그토록 어렵고 고단한 일이기에 끙끙 앓아야 겨우 조금 알게 된다.

'앎'은
지금까지 알던 것이 잘못된 것이라는 것을 아는 것
지금까지 해오던 것을 바꿔야 한다는 것을 아는 것
그래서 아픈 것이다.
나쁜 습관을 버리고 새로운 자세를 수천 번 되풀이하는 것
나쁜 생각을 버리고 새로운 신념을 수만 번 되풀이하는 것
그래서 아픈 것이다.

'앎'은
알게 됨, 앓게 됨…
많은 말을 줄이고 줄인 웅숭깊은 한 글자다.
많은 아픔을 새기고 새긴 역사 깊은 한 사람의 몸이다.

그래서 '앎'이라는 말은

온갖 시련과 별의별 비아냥거림을 넘어

오직 자신의 길을 알기 위해

오랫동안 몸과 마음으로 앓아온 사람만이 말할 수 있는

깨달음의 말이다.

29

'팬'에 대하여

**"방송사들이 프로야구 중계의 반만 중계해도
축구팬들이 좋아할 것이다."**

이동국은 방송에서 K리그에 대한 관심을 호소하며 이렇게 말했다. 그는 팬들이 축구 경기장에 와서 응원하면 힘이 덜 들기도 하고, 함성 소리가 있으면 자신도 모르게 힘이 생겨서 경기를 더 잘하기도 한다며 축구에 대한 팬들의 사랑을 부탁했다.

'팬'은

어떤 보답을 바라는 것이 아니라 내 마음을 주는 것이 먼저인 사람이다. 어떤 보상을 바라는 것이 아니라 내 마음을 주는 것이 전부인 사람이다. 따로 대가를 바라는 것이 아니라 내가 관심을 쏟을 대상이 있다는 것이 축복인 사람이다. 누구나 좋아할 만한 사람을 물색해 좋아하는 것이 아니라 그냥 누군가를 열심히 좋아할 수 있다는 것이 얼마나 멋진 일인지 아는 사람이다.

스타에게만 팬이 필요한 것이 아니라
누구에게나 팬이 필요하다.

우리에겐 '팬'이 필요하다.
열렬히 좋아해주고 무조건 믿어주고 언제까지나 기다려주는 사람이 필요하다. 변함없는 지지와 뜨거운 응원을 보내주는 사람이 필요하다. 다시 할 수 있다고, 다시 일어설 수 있다고, 다시 뛸 수 있다고 말해주는 사람이 필요하다.
그런 사람이 바로 '팬'이다.

'팬'은
사람이 사람에게 얻는 힘이 대단하다는 것, 한 사람 한 사람이 모이고 모이면 엄청난 힘이 생긴다는 것, 그렇게 모인 모두가 한 마음으로 감탄과 탄식을 오가며 가슴 졸이는 일이 우리 삶에 꼭 필요하다는 것, 이 모든 것이 함께일 때 더 강렬하고 강력하다는 것을 아는 사람들이다.

누군가를 열렬히 좋아하는 것이 행복한 일이기에
누군가가 열렬히 좋아해주는 것이 행복한 것이다.

'팬심(fan心)은
사람이 줄 수 있는 유일한 선물이고
사람이 받을 수 있는 최고의 선물이다.

'팬'에게만 '팬심'이 필요한 것이 아니라
누구에게나 '팬심'이 필요하다.

우리에겐 '팬심'이 필요하다.

누군가를 열렬히 좋아하는 마음,

무언가에 몰두하고 몰입하는 기쁨,

내 마음을 마음껏 쏟아붓는 희열이 반드시 필요하다.

그래서 '팬심'이라는 말은

'오직 축구! 결국 축구!'를 외치며,

축구에 관한 일이라면

아무리 사소한 일이라도 그냥 넘어가는 법이 없는,

한 명의 훌륭한 축구 선수이자

한 명의 열렬한 축구팬인 사람에게 어울리는

축복의 말이다.

30

'노장'에 대하여

> "노장은 나이가 들어서 존재하는 것이 아니라
> 결실을 맺어서 존재하는 것이다."

이동국은 노장에 대한 질문에 이렇게 말했다. 그는 2018년 4월 29일 수원삼성과의 경기에서 골을 넣으면서 자신의 생일 축포를 쏘아 올렸다. 베테랑 선수가 되어서도 꾸준히 좋은 활약을 보이는 이동국은 "스트라이커로서 득점왕 목표를 갖고 경기한다. 찬스에서는 반드시 골을 넣어야겠다는 생각을 하고 있다."며 여전히 강한 골 욕심을 숨기지 않았다.

'노장(老將)'은 나이 많은 늙은이가 아니라
관록과 경험이 몸에 아로새겨진 진짜 실력자이다.

'노장'은
오만과 편견을 나이로 덮으려는 사람이 아니라, 언제나 열린 가슴으로 새로움을 받아들일 준비가 되어 있는 사람이다. 권태와 나태를 나이로 은폐하려는 사람이 아니라, 어떤 일이든 부지런하고 성실하게 임하는 열정적이고 뜨거운 사람이다. 무조건 우기고 윽박지르는 사람이 아니라, 그리 많은 말을 하지 않고도 전체를 이끌고 보듬는 카리스마 넘치는 사람이다.

'나이듦'은
으깨지고 뭉개지는 것이 아니라
능글맞고 게을러지는 것이 아니라
느끼하고 의뭉스러워지는 것이 아니라,
몹시 능숙하고 익숙해지는 아름다운 일이다.

'나이듦'은
젊은 혈기만 믿고 날뛰던 나를 더 잘 사용하는 능력
젊은 나이만 믿고 낭비하던 나를 더 잘 지원하는 능력이 생기는
아주아주 고마운 일이다.

'노장'이 자기 자리를 계속 지키는 일은
후배의 자리를 빼앗는 알박기가 아니라, 누구와 경쟁해도 밀리지 않는 자신감이다. 나이로 경력으로 아랫사람의 입을 틀어막는 것이 아니라, 여전히 그 자리에 제일 잘 어울리는 사람이라는 합리적 계산의 결과이다. 날마다 거기서 거기 제자리걸음이나 하는 늙다리가 아니라, 그 사람은 언제나 최상의 컨디션을 유지할 수 있는 놀라운 존재라는 살아있는 증거이다.

'노장'의 여전함은
뭘 좀 하려면 자꾸 나이를 걸고넘어지는 사람들에게,
뻑하면 나이를 들먹이는 사람들에게 날리는
유쾌한 선전 포고다.

그래서 '노장'이라는 말은
나이 좀 먹었다고 때마다 늘어지는 짬밥 자랑이 아니라
언제 어디서 계급장 떼고 누구랑 붙어도
여전히 자신 있는 사람만이 할 수 있는
당당하고 떳떳한 결투 신청의 말이다.

31

'성장'에 대하여

"나이 마흔이 되니 축구가 는다."

'K리그 2018 개막 미디어데이' 행사에서 이동국은 이렇게 말했다. 그는 참석한 선수 가운데 가장 연장자로 이름을 올렸다. 한국 나이로 마흔에 접어든 이동국이지만 여전히 자신감이 넘쳤다.

1°(도) 더

1sec(초) 더

1cm(센티) 더…

성장은 '1'에 집중하는 것이다.

는다.
실력이 는다.
실력 발휘할 시간이 는다.

'성장'은 늘림이다.
'늘림'은 단지 커지고 무거워지는 것이 아니라 야무지고 단단해지는 것이다. 뼈를 깎는 노력으로 1도의 오차를 줄이고 1센티의 공백을 줄여, 정확도를 높이고 성공률을 높이는 성실함이다. 무턱대고 크게 부풀리는 것이 아니라 차분히 딱 1만큼씩 새로운 영토를 넓히는 근면함이다.

'늘림'은
그냥 두면
찌그러지고 쪼그라들고 사그라지는 것들을
펴고 지탱하고 살려내는 힘이다.

'늘림'은
욕심 사나운 허영과 허세가 아니라 세상과 맞서 싸울 무기를 하나 더 늘려 내가 더 강하고 당당해지는 일이다. 허전한 프로필의 빈칸을 메우려는 발버둥이 아니라 나의 내면과 외연을 넓혀 내가 더 정밀하고 유연해지는 일이다. 원래 내 몫이 아닌 것까지 넘보는 탐심이 아니라 나를 표현하는 도구를 하나 더 늘려 내가 더 풍부하고 섬세해지는 일이다.

'성장'은
한 발 더 뛰는 것,
한 골 더 넣는 것,
한 번 더 도전하는 것이다.

아직 아무도 가보지 못한 곳을 가는 첫 발걸음이고,
아직 아무도 가보지 못한 곳에서 쉬는 첫 호흡이고,
아직 아무도 가보지 못한 곳에서 새롭게 시작하는
1초의 시간이다.

그래서 '축구가 는다'는 말은
나이 마흔에도 여전히 성장판이 닫히지 않은 듯이
나날이 다달이 일취월장하는 사람에게만 어울리는
희망의 말이다.

32

'당연히'에 대하여

"스트라이커라면 당연히 득점왕을 목표로 뛴다."

2018년에도 득점왕을 노리느냐는 질문에 이동국은 이렇게 말했다. 출전 시간이 조금 줄고 있지만 찬스가 나면 반드시 골을 넣어야 한다고 생각한 다며 골잡이로서의 공격 본능을 드러냈다.

'당연히'는 최고에게 어울리는 말이다.

'당연히'는
당연히 그렇게 해야 하는 것,
당연히 그렇게 돼야 하는 것,
당연히 그 자리에 있어야 하는 것을 지켜내는 성실함이다.

'당연히'는
'당연히'가 당연한 것이 되기까지
어떤 이유도 변명도 하지 않고 최선을 다하는 노력이다.
'당연히'의 당연함을 유지하기 위해
어떤 구실도 핑계도 대지 않고 최선을 다하는 능력이다.

'당연히'는
늘 하던 대로의 타성이나 나태가 아니라, 지금까지 한 발도 물러선 적 없는 사람의 뜨거운 목표 의식이다. 늘 하던 만큼의 관성이나 습관이 아니라, 마지막까지 한 번도 도망친 적 없는 사람의 무거운 책임감이다. 그런대로 수월하고 그럭저럭할 만한 것에 대한 안도감이 아니라, 아무리 힘겨워도 묵묵히 자신의 일로 받아안았던 사람의 묵직한 안간힘이다.

'당연히'를 당연한 일로 만드는 일은
틀림없이 제자리로 되돌려놓는
철두철미한 노력이 있어야만 가능한 일이다.
조금만 틈이 벌어져도
조금만 각도가 틀어져도
조금만 집중이 흐트러져도
'당연히'는 당연히 불가능한 일이 되어버린다.

'당연히'는
세월이 흐르면 자연히 느려져 도태하고
시간이 지나면 저절로 멀어져 사라지는 것들로부터
나를 지켜내는 맹렬함이다.

그래서 '당연히'라는 말은

언제나 최고의 스트라이커가 되는 것이

당연히 그의 꿈인 사람에게 어울리는

오늘도 유효한 도전의 말이다.

33

'겸손'에 대하여

> **"축구화를 벗기 전까지는 국가대표팀 은퇴는 없다."**
>
> 이동국은 은퇴에 대한 질문에 늘 이렇게 답한다. 신태용 감독은 2018년 러시아 월드컵에 이동국의 자리는 없다고 밝혔다. 이동국은 그의 사실상 마지막 월드컵 출전이 불발된 상황에서도 국가대표 은퇴에 뜻이 없음을 분명히 했다.

적당한 때에 당연히 은퇴를 말하는 것이 겸손인가.

스스로 은퇴를 논할 자격이 없다고 말하는 것이 겸손인가.

은퇴를 함부로 말하지 않는다.

이런 겸손 참 낯설다.

근데

이런 겸손 쫌 멋지다.

'겸손'은

내가 할 수 있는 것도 할 수 없다고 이야기하는 너스레가 아니라,

내가 할 수 없는 것은 할 수 없다고

내가 할 수 있는 것은 할 수 있다고 이야기하는,

진솔한 자기 고백이다.

'겸손'은

스스로를 알고자 하는 깊고 짙은 열망이다. 내가 가장 잘 할 수

있는 것, 내가 제일 좋아하는 것, 나를 만들고 구성하고 있는 것, 그동안 나를 지키고 지탱해주고 있는 것이 도대체 무엇인지 찾아보고 알아보고 간직하는 일이다. 나를 환하게 비추던 불빛이 사라지고, 나를 뜨겁게 응원하던 목소리가 가라앉고, 시퍼렇게 끓던 젊음이 점점이 흩어진 이후에도 끝끝내 나의 곁에 남아있는 나의 그 무엇을 바라보는 용감함이다.

'겸손'은
겸손한 척 스스로를 낮추어 무언가 다른 찬스를 노리고 엿보며,
지금을 유보하고 양보하여 스스로를 기만하는 짓이 아니다.
오히려
나에게 덤벼오는 상황과 시련 앞에서
한 뼘도 물러서지 않겠다는 다짐이고,
나를 한순간도 허투루 놓아 보내지 않겠다는 약속이다.

'겸손'은

내가 할 수 있는 것도 하지 않는 태만이 아니라

내가 할 수 있는 것은 끝까지 멋지게 해내고 싶다는 열정이다.

그래서 '은퇴는 없다'는 말은

아무도 나를 대신할 수 없다는 오만불손함이나

아무도 나를 대적할 수 없다는 잘난 척이 아니라,

비록 뛰고 또 뛰다가 운동장에서 꼬꾸라지는 한이 있어도

나는 내 마음대로 은퇴할 수 없다고,

처음처럼 계속 최선을 다할 수밖에 없다고,

인생은 그럴 수밖에 없는 것이라고,

그렇게 언제나, 항상 같은 대답을 이야기하는 사람만이

그런 사람만이 할 수 있는

지극한 겸손의 말이다.

이동국 선수에게 고마움을 전한다.